Para Clover Rae, Sophie y Ollie,
con todo mi amor xx – **S. P.**

Para Isla, quien sé que siempre recuerda
decir «¡Por favor!» – **N. R.**

¡Por favor!
Texto: *Simon Philip*
Ilustraciones: *Nathan Reed*

1.ª edición: noviembre de 2023

Título original: *Please!*

Traducción: *Júlia Gumà*
Corrección: *Sara Moreno*
Maquetación: *Isabel Estrada*

ISBN: 978-84-9145-691-9
DL B 14134-2023

Printed in China

¡POR FAVOR!

SIMON PHILIP · Picarona · NATHAN REED

Quizás pienses que los **buenos modales** no tienen importancia.
Quizás pienses que ser **educado** es aburrido.
Pero después de que te cuente lo que le pasó a Bill,
verás como pueden tener **muchísima** importancia.

¡Gracias!

Todo empezó cuando Bill quiso un helado.
Pidió **seis** bolas.

—¡Dame un montón!

Pero como se le olvidó decir **por favor**...

...fue **secuestrado**

por
sapos
alienígenas.

Bill se encontró dentro de su nave espacial;

y se enteró de que eran del planeta Marte.

Y entonces, por capricho, bajaron y lo eligieron para llevárselo
a su ¡viaje por las estrellas!

Los sapos estaban contentos, pero Bill no lo estaba.

...en lugar
de eso
se estrellaron
en la
selva.

Bill contempló el
hermoso entorno.
Pero de pronto se sintió
aterrado,

al ver

a los **tigres,**

los **chimpancés**

y los **cocodrilos** que se dirigían
hacia él…

Los serviciales
cocodrilos repararon

la nave espacial
muy pronto,

y todos subieron a bordo, entusiasmados y con ganas
de ver paisajes que no habían visto y lugares
que nunca habían explorado.

Entonces Bill, sintiéndose hambriento,
sugirió que pararan a merendar.

Pero como se le olvidó decir por favor...

…¡los dejaron **caer** justo

encima de un **yak!**

¡Yupi!

¡Yupi!

Bill sonreía mientras corrían por las **montañas**,

reía, **chillaba** y aplaudía,

pero pronto se quedó tieso
al ver el borde de un **precipicio** que apareció demasiado **rápido.**

—¡Para de **correr!**

Bill gritó aterrorizado y tiró de las riendas

del yak con la mano.

Pero como se le olvidó decir

por favor,

el yak

saltó...

...y aterrizó en un país de
cuentos de hadas.

El yak cargó a toda velocidad contra unas **brujas**.

Los sapos fueron embestidos por valientes **caballeros**,

mientras los dragones y los lagartos luchaban contra **carros** llenos de **magos**, y los **trols** iniciaron peleas empuñando garrotes.

—¡Esta locura debe terminar!

Gritó Bill evitando un **garrote** y un **insulto**.
Pero como se le olvidó decir **por favor**...

...el caos se volvió aún más raro y **peor**.

Llovieron enormes **calabazas** desde el **cielo**,

y aparecieron **perritos** llevados por el vieeeeento,

mientras **llamas** con abrigos hacían cosquillas a **granjeros** en barcas,

y los **vendedores de quesos** estornudaban a los árbitros.

Y ése fue el momento
en el que Bill empezó a pensar,
y se dio cuenta de que debía ser educado.

—¡Lo siento!

—gritó—.

¡Simplemente parad esto ahora,

POR FAVOR!

Lo cual…

...rápidamente

¡lo puso

todo en su

sitio!

Las **brujas** enviaron
a todos de vuelta a casa
(una vez que Bill le hubo dicho
«¡Adiós!» al cocodrilo).

En un abrir y cerrar de ojos, regresó al carrito

y descubrió que era la **hora del helado**.

Y, finalmente, Bill había descubierto que
los **buenos modales** importan mucho.

Helados

Así que, conociendo el valor de las palabras mágicas «por favor»,
debería haber dicho **«gracias»**...